Must Know Soccer Story for Children

Soccer is a team sports that first started in England. Each team has eleven players, so, cooperation among team members is very important to win the game. You cannot win or even score a goal if you play alone, even if you are the star player.

The modern rules of association football(soccer) are based on the mid-19th century efforts to standardise the widely varying forms of football played in the public schools of England. England Football Association was founded for the purpose of standardizing the football rules in 1863. Among other things, football has swept England schools as a major sporting event. So, England became the home of soccer. Hence, the Premier League of the

England has become the most popular soccer league in the world.

Today soccer is the most popular sport in the world. It is played by 250 million players in over 200 countries. Soccer is an Olympic sport and the FIFA World Cup is one of the biggest sporting events in the world next to the Olympics.

Do you know how many rules there are in the game of soccer? This book tells you about the development, history and rules of the soccer. When you know the rules of soccer, you can enjoy soccer. These findings will help you better understand soccer.

In the Text
* *Beginning of soccer*
* *Squad numbers used in soccer*
* *Origin of the yellow and red cards*
* *Various Rules of Soccer*
* *Goal ceremony*
* *Championship trophy*
* *Birthplace of soccer*
* *Korean soccer history*

어린이를 위한
축구 안내서

풀과바람 지식나무 38

어린이를 위한 축구 안내서
Must Know Soccer Story for Children

개정판 1판 1쇄 | 2018년 5월 1일
개정판 1판 5쇄 | 2024년 2월 28일

글 | 박영수
그림 | 노기동

펴낸이 | 박현진
펴낸곳 | (주)풀과바람
주소 | 경기도 파주시 회동길 329(서패동, 파주출판도시)
전화 | 031) 955-9655~6
팩스 | 031) 955-9657
출판등록 | 2000년 4월 24일 제20-328호
블로그 | blog.naver.com/grassandwind
이메일 | grassandwind@hanmail.net

편집 | 이영란
디자인 | 박기준
마케팅 | 이승민

ⓒ 글 박영수, 그림 노기동, 2018

이 책의 출판권은 (주)풀과바람에 있습니다.
저작권법에 의해 보호를 받는 저작물이므로 무단 전재와 복제를 금합니다.

값 10,000원
ISBN 978-89-8389-745-9 73690

※ 잘못 만들어진 책은 구입처에서 바꾸어 드립니다.

이 도서의 국립중앙도서관 출판예정도서목록(CIP)은 서지정보유통지원시스템 홈페이지(seoji.nl.go.kr)와
국가자료공동목록시스템(www.nl.go.kr/kolisnet)에서 이용하실 수 있습니다. (CIP제어번호 : CIP2018005594)

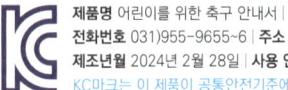

제품명 어린이를 위한 축구 안내서	제조자명 (주)풀과바람	제조국명 대한민국
전화번호 031)955-9655~6	주소 경기도 파주시 회동길 329
제조년월 2024년 2월 28일	사용 연령 8세 이상

⚠ 주의
어린이가 책 모서리에
다치지 않게 주의하세요.

KC마크는 이 제품이 공통안전기준에 적합하였음을 의미합니다.

어린이를 위한
축구 안내서

박영수 · 글 | 노기동 · 그림

풀과바람

머리글

잘 알려졌다시피 축구는 영국에서 출발하여 틀이 갖춰진 단체 운동 경기입니다. 각각 11명으로 구성된 두 팀이 경기하려면 팀원들끼리 잘 협력해야 함은 물론입니다. 아무리 뛰어난 실력을 갖췄더라도 혼자서는 결코 상대 팀을 공략할 수 없으니까요.

그러하기에 영국의 웰링턴 장군은 나폴레옹을 물리친 뒤 다음과 같이 말했습니다.

"워털루 싸움은 이튼의 운동장에서 이겼다."

영국의 이튼 공립학교 출신 장병이 전투에 많이 참가한 걸 염두에 두고 한 말이며, 이튼은 전교 차원에서 축구를 행했기에 축구를 통해 단결심과 분발력, 투쟁심 등을 기른 학생들이 전투에서 잘 단합했음을 강조한 것입니다.

일반적으로 '운동 경기'는 체력을 단련하면서 기술을 겨루는 놀이이므로 누구든지 재미있게 즐길 수 있습니다. 더구나 별다른 도구 없이 공 하나만 있으면 많은 사람이 참여할 수 있으므로 간편하기도 합니다. 하여 19세기 이후 교육제도가 근대화될 때 각국 학교에서는 체육 과목을 신설하면서 축구를 기본적으로 채택했습니다. 영국이 학교 체육, 특히 축구를 세계에 퍼트린 셈이지요.

오늘날 많은 구기 종목이 있지만, 세계 전역에 걸쳐 큰 인기를 끄는 종목은 축구가 독보적입니다. 월드컵 대회가 올림픽 대회 못지않은 규모에다 더 큰 인기를 끌고 있는 데서 그런 면모를 분명히 알 수 있습니다.

이 책은 축구에 대해 여러모로 살펴본 스포츠 탐험서입니다. 축구 경기가 진행되는 과정을 참조하여 꼭 알아야 할 규칙과 흥미로운 역사 유래를 다뤘으며 사회 문화적 배경도 설명했습니다. 따라서 독자는 자연스럽게 축구를 온전히 이해할 수 있을 것입니다. 또한 여러 지식과 유래를 알게 되면 축구 경기를 더 재밌게 보게 될 것입니다.

아무쪼록 신체와 정신이 모두 건강해지는 데 도움이 되길 바랍니다.

박영수

차례

01 축구를 시작하기 전에 동전을 던지는 까닭 --- 8

02 선수의 등번호는 어떻게 정할까 --- 12

03 경기 시간은 왜 90분일까 --- 16

04 옐로카드와 레드카드의 유래 --- 19

05 골키퍼와의 정면 맞대결, 페널티킥의 유래 --- 23

06 포메이션이 뭘까 --- 28

07 골대를 맞추면 정말 질까 --- 33

08 알쏭달쏭한 오프사이드 역사 --- 38

09 유독 축구의 세리머니가 인상적인 까닭 --- 42

10 한 선수가 3골 넣은 걸 왜 '해트 트릭'이라고 말할까 --- 47

11 경기 끝난 뒤 선수끼리 유니폼을 바꾸는 이유 --- 50

12 축구 대회 우승팀에게 트로피를 주는 까닭 --- 55

13 축구공은 왜 오각형 검정과 육각형 하양으로 만들어질까 --- 58

14 축구팀을 왜 '클럽'이라고 부를까 --- 63

15 영국이 축구 종주국으로 여겨지는 이유 --- 69

16 월드컵은 어떻게 탄생했을까 --- 72

17 우리나라 축구 역사 --- 76

축구 관련 상식 퀴즈 --- 80
축구 관련 단어 풀이 --- 82

01 축구를 시작하기 전에 동전을 던지는 까닭

"동전의 앞면, 뒷면 중 어디?"

"앞면 택하겠습니다."

"그럼 저는 뒷면이요."

축구 경기 시작 전에 심판은 양쪽 팀 주장에게 동전의 앞뒷면 중 하나를 선택하라고 말합니다. 양쪽 주장이 각기 앞뒷면을 고르면, 심판은 동전을 공중으로 던져서 손바닥이나 땅에 떨어뜨립니다. 그런 뒤 동전의 어느 부분이 위로 나왔는지 살펴봅니다.

"앞면이군. 어느 걸 택하겠습니까?"

이때 심판은 그 면을 알아맞힌 주장에게 진영을 선택할 권리를 주는 게 관례입니다. 동전 맞히기에서 이긴 팀 주장은 햇빛이나 바람 등을 고려하여 자기 팀에게 유리한 방향의 진영을 선택하고, 진(못 맞힌) 팀은 먼저 공격하는 권리를 갖습니다. 이제 주장이 자기 팀 선수들에게 신호를 보내면 양 팀은 각각 진영을 갖추고 경기를 준비하지요.

이 희한한 관습은 언제 왜 생겼을까요?

동전을 던져 올려서 둘 중 하나를 선택하는 관습은 고대 로마에서 행해졌으며, 그 시기는 카이사르 시대부터입니다. 본래 로마 시대에 동전이 처음 생겼을 때는 앞면에 액수만 적혀 있을 뿐 뒷면에는 아무런 도안이 없었습니다. 숫자로 화폐로서의 가치만 표시하면 됐으니까요.

"내 얼굴을 금화에 새겨 세상에 알려라."

그런데 로마제국 통치자 카이

사르가 자기 얼굴을 금화에 그리라고 명령하면서 금화 한쪽에는 액수, 다른 한쪽에는 황제 얼굴이 새겨졌습니다. 이후 로마 황제나 다른 나라 통치자들 심지어 오늘날에도 수많은 국가에서 동전이나 지폐에 국가 지도자 얼굴을 관행처럼 새기고 있습니다.

"어디가 앞이지?"

동전 양쪽에 무늬를 새긴 뒤에는 동전의 앞뒤를 분간할 필요성이 생겼습니다. 이때 얼굴이 있는 동전 부분을 머리(head) 혹은 앞면, 얼굴이 없는 동전 부분을 꼬리(tail) 또는 뒷면이라 불렀습니다. 얼굴이 액수보다 나중에 그려졌지만, 황제가 더 신성한 존재였기 때문이지요.

그리고 이 무렵부터 어떤 일에 있어서 둘 중 하나를 선택할 때 동전을 던져 올려서 점치곤 했습니다. 어느 한쪽을 택하기 어려운 상황에서 임의의 결정에 맡기려는 것이었지요. 이런 마음으로 동전을 던져서 황제 얼굴이 있는 앞면이 나오면 긍정적인 뜻으로 해석했습니다.

"황제께서 지켜보시네. 좋다는 뜻이겠지?"

"맞아. 황제의 뜻이니 이 일을 하는 게 좋겠어."

사람들이 동전 앞면을 긍정적 의미로 받아들인 것은 '황제 뜻이 곧 하늘 뜻'이라고 믿었기 때문입니다. 전통적으로 로마인은 뭔가 결정할 일이 있을 때 신전에 찾아가서 신에게 자문하곤 했는데, 황제 얼굴이 새겨진 동전이 발행되자 그걸 이용해 간편하게 결정하게 된 것입니다.

황제를 신의 대리인이라 여겼거든요.

　축구 경기장의 동전 선택은 이런 로마인의 동전 던지기를 빌린 관행입니다. 축구장 날씨는 그날그날 다르므로 시간에 따라 햇빛과 바람이 어느 한쪽에 유리하거나 불리하므로, 경기를 앞둔 현장에서 누가 먼저 공격하고 어떤 지역 골대를 차지하느냐를 동전 던지기로 하는 것입니다.

02 선수의 등번호는 어떻게 정할까

2018년 러시아 월드컵 마스코트 늑대 자비바카는 'Russia 2018'이 쓰인 티셔츠를 입고 있습니다. 축구 선수들이 운동복에 자기 이름과 번호를 적은 것처럼, 자비바카도 같은 방식으로 2018년 월드컵이 러시아에서 개최됨을 알리고 있지요.

그렇다면 선수의 등번호는 어떻게 정할까요?

옛날에는 등번호에 특별한 규정이 없었습니다. 선수들이 1부터 99까지 숫자 중에서 아무거나 하나씩 골라 쓰면 되었거든요. 다만 한 팀에서 같은 숫자를 두 사람이 동시에 사용할 수는 없었습니다.

하지만 관례로 포지션(선수 각자의 위치)에 따라 특정한 숫자를 사용해 왔습니다. 이를테면 골키퍼는 1번, 수비수는 2~5번, 미드필더(중

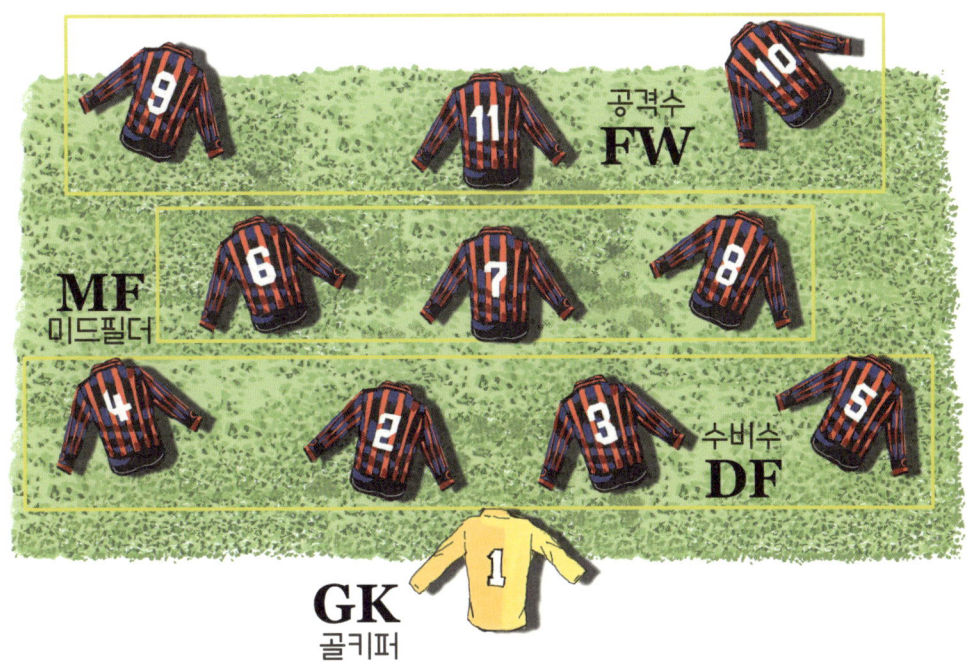

간 방어 선수)는 6~8번, 공격수는 9~11번을 달았습니다. 자기 진영부터 출발해 상대 진영 쪽으로 높은 수가 배정된 것이죠. 이는 한 팀 선수가 11명인 걸 고려한 등번호였으며, 12번 이후는 교체 대기 중인 후보 선수들 차지였습니다.

축구 역사를 살펴보면 뛰어난 공격수는 10번을 좋아했습니다. 브라질의 펠레, 아르헨티나의 마라도나, 프랑스의 지단, 영국의 오언 등이 10번을 등에 달고 뛰었습니다.

요즘은 세계적인 선수가 12번 이후의 등번호를 선택하는 일도 많으며 선수들은 저마다 특정 등번호에 애정을 나타내곤 합니다. 존경하는 선수의 등번호를 따르고 싶어 할 때 특히 그러하지요. 한 예를 들면 이탈리아 인터 밀란 축구팀의 이반 사모라노 선수는 1997년 호나우두가 들어오면서 자기 등번호 9번을 가져가자, '1+8'번을 달고 불만을 드러낸 일화가 있습니다.

2002년 한일 월드컵에서는 '등번호는 1번부터 23번으로 하되 1번은 반드시 골키퍼가 달아야 한다'라고 규정했지만, 각 나라에서는 지금도 자율적으로 정하고 있습니다.

펠레, 최고 공격수에게 10번을!

브라질 축구 대표 팀의 스타 네이마르가 프랑스 리그앙의 파리 생제르맹(PSG)으로 팀을 옮긴 이유 하나가 밝혀져 화제입니다. 그 까닭은 바로 등번호 10번 때문입니다.

네이마르는 우상인 펠레의 등번호 10번을 원했었지만, 같은 팀 메시가 이미 10번을 차지하고 있어 뜻을 이루지 못하다가 PSG 이적으로 꿈을 이루게 되었습니다.

축구 선수에게 10번은 최고 공격수의 상징입니다. 이는 '영원한 축구 황제'로 불리는 펠레에 의해 자리 잡았습니다.

펠레는 1958년 스웨덴 월드컵 때

17세의 나이로 브라질 국가 대표 선수로 출전했습니다. 예선 첫 경기에서 뛰어난 드리블을 보여 주며 축구팬들의 관심을 끌더니 8강전에서는 한 골을 넣었고, 4강전에는 세 골을 넣었으며, 결승전에서는 두 골을 넣어 브라질이 우승컵을 차지하는데 큰 공을 세웠습니다.

세계적 스타로 떠오른 펠레는 1363경기에 출전하여 1281골을 넣었고, 국가 대표로도 106경기에 나섰으며, 브라질이 월드컵에서 우승할 때(1958년, 1962년, 1970년) 모두 출전한 기록을 세웠습니다.

펠레가 월드컵 무대에서 10번을 달고 뛴 뒤 '10번=에이스'라는 공식이 생겼고, 브라질에서는 대표 팀 최고 선수만이 10번을 달 수 있으며, 펠레의 계보를 잇는 '후계자'로 꼽히고 있습니다.

03 경기 시간은 왜 90분일까

"우우우~."

축구 경기가 끝나갈 무렵에 종종 대조적인 광경을 볼 수 있습니다. 자기가 응원하는 팀이 지고 있는데 상대 팀 선수들이 공을 돌리면서 시간을 질질 끌면 야유하기 일쑤고, 그와 반대로 자기가 응원하는 팀이 이기고 있으면 심판에게 어서 끝내라고 호루라기 소리를 흉내 내곤 하지요. 축구 경기는 90분이 지나면 자동으로 끝나게 되어 있는데 왜 그럴까요? 또 축구 경기 시간은 왜 90분으로 정해져 있을까요?

전반 45분   휴식 10분(인저리 타임)

"오늘은 1시간만 합시다!"

"어느 팀이든 먼저 3골을 넣으면 승리한 거로 합시다!"

초창기 축구는 경기 시간이 제각각이었습니다. 1848년 이른바 '케임브리지 규칙'이 마련됐을 때조차도 '경기 시간과 선수의 수는 주장들 합의로 정한다'라고 했으니까요. 그러다가 1866년 영국에서 경기 시간을 90분으로 확정했습니다. 당시 영국 축구계를 나눠 장악하던 런던 축구 협회와 셰필드 축구 협회가 통합 경기를 치르면서 경기 시간을 '오후 3시 시작, 4시 30분 종료'로 합의한 게 계기였습니다.

이후 경기 시작 시각은 다를지라도 진행 시간은 90분을 관례로 따랐으며, 1897년 국제 축구 규정집에 '경기 시간 90분'을 정식 규정으로 채택하여 지금에 이르고 있습니다.

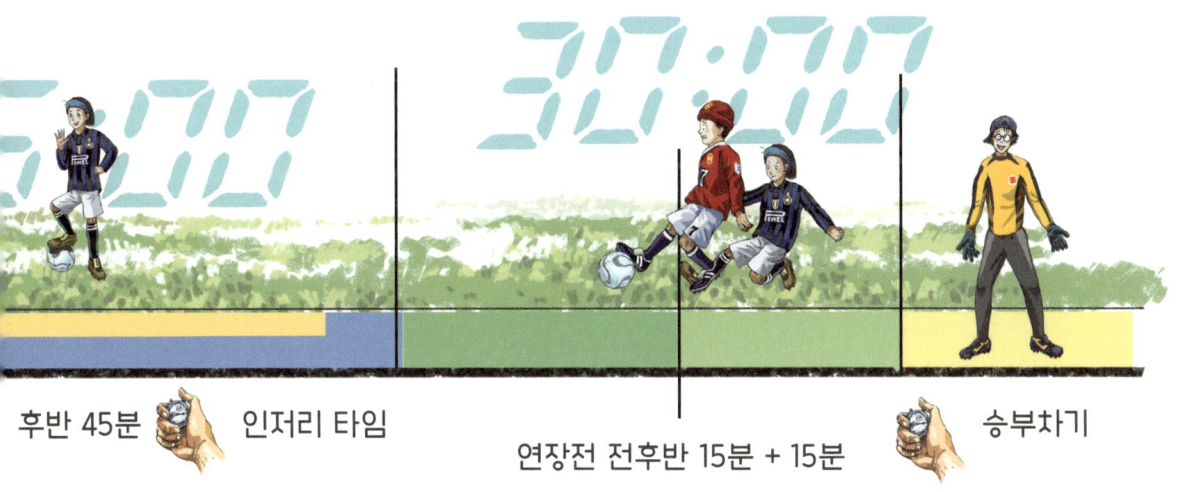

후반 45분   인저리 타임   연장전 전후반 15분 + 15분   승부차기

그렇지만 관중 입장에서 보면 경기 시간은 그보다 조금 더 깁니다. 왜냐하면 추가 시간이 있거든요. 축구는 거친 경기여서 선수가 다치는 경우가 많은데 그럴 때마다 심판이 경기를 중단시키고 상황을 점검합니다. 이런 일이 여러 차례 반복되면 몇 분이 소요되므로 실제 경기와 상관없이 허비된 시간을 보충하고자 심판이 재량으로 경기 시간을 늘리는 것입니다.

또한 반드시 승패를 가려야 하는 경기에서는 연장전을 전반 후반 각각 15분씩 치릅니다. 따라서 축구 경기는 사실상 2시간 정도 진행된다고 말할 수 있습니다.

04 옐로카드와 레드카드의 유래

"휘익!"

축구 경기에서 반칙이 일어나면 심판은 호루라기를 분 뒤 옐로카드나 레드카드를 꺼내 벌칙을 줍니다. 그런데 신호용 카드 색깔이 왜 노랑과 빨강일까요? 거기에는 다음과 같은 사연이 있습니다.

영국의 국제축구심판 케네스 조지 아스톤이 1962년 칠레 월드컵에서 '칠레 대 이탈리아' 경기 주심을 맡았을 때 일입니다. 당시 두 나라 감정이 몹시 나빠서 시작 전부터 팽

팽팽한 신경전이 벌어지는가 싶더니 경기 내내 심한 몸싸움이 계속됐습니다. 아스톤은 선수 두 명을 퇴장시킬 만큼 엄중하게 심판을 보았으나 별다른 효과를 보지 못했습니다. 이때는 심판이 큰 목소리로 선수에게 퇴장을 명했습니다.

1966년 아스톤은 '잉글랜드 대 아르헨티나' 경기 심판을 보았다가 비슷한 곤욕을 치렀습니다. 경기가 끝난 뒤, 그는 어떻게 하면 강력한 경고로 경기 과열을 막을 수 있을까 고민했습니다. 그해 어느 날 아스톤은 거리를 걷다가 우연히 교통 신호등을 보고는 무릎을 탁 쳤습니다.

"옳거니, 바로 저거야!"

아스톤은 깜빡이는 교통 신호등에서 착안하여 '주의'를 뜻하는 노랑을 경고용으로, '정지'를 뜻하는 빨강을 '퇴장' 신호로 만들었습니다. 말로 조심하라고 주의를 주거나 나가라고 명하는 것보다 눈에 보이는 상징물을 보이면 한층 효과가 높다고 생각한 것이었습니다.

아스톤은 그 무렵 국제 축구 연맹(FIFA) 심판 위원회 위원이었기에 즉시 이 아이디어를 제안했고, 그것이 받아들여졌습니다.

이에 따라 1970년 멕시코 월드컵부터 옐로카드와 레드카드가 사용됐고, 그 편리함에 힘입어 모든 축구 경기에서 사용하게 됐습니다.

옐로카드와 레드카드의 효력은 뭘까요? 축구 경기에서 반칙이 심할 때는 옐로카드로 엄중히 경고하고, 너무 난폭하거나 부정한 행위를 반복할 때는 레드카드로 퇴장을 명합니다. 퇴장한 선수 대신에 다른 선수를 넣을 수 없으므로 이런 조치는 강력한 제재로 통합니다.

한 경기에서 경고를 두 번 받은 선수는 자동으로 퇴장해야 하고 다음 경기에 출전할 수 없습니다. 각기 다른 경기에서 한 번씩 경고받은 선수는 퇴장 명령을 받지 않지만, 그다음 경기에 출전할 수 없습니다. 또한 경고 없이 바로 퇴장당한 선수는 다음 두 경기에 출장할 수 없습니다.

그뿐이 아닙니다. 심판은 반칙당한 팀에게 프리킥을 줍니다. 경기 흐름이 상대의 거친 반칙 때문에 끊긴 데 대해 보상해 주는 것이지요. 그러하기에 경고 카드를 받지 않을 정도로만 가볍게 반칙할 때가 많습니다.

그렇다면 옐로카드와 레드카드의 판단 기준은 뭘까요? 결론부터 말하자면 그건 심판에 따라 조금씩 다릅니다. 요즘 팔꿈치로 때리거나 백태클을 하면 심판이 레드카드를 꺼내고 있으나, 예전에는 옐로카드를 주었으니까요. 나머지 판정은 심판이 알아서 판단하므로 선수들은 그날 심판 성향을 파악하여 대응해야 합니다.

　한편 옐로카드와 레드카드는 플라스틱 재질로 대개 손바닥만 한 크기로 만들어집니다. 심판은 옐로카드를 준 선수의 등번호, 반칙 시간 등을 별도로 준비한 수첩에 그때그때 기록하여 경고가 누적되면 곧바로 퇴장을 명합니다.

05 골키퍼와의 정면 맞대결, 페널티킥의 유래

"슛!"

1999년 7월 4일 코파 아메리카(Copa America)에서 있던 일입니다. 아르헨티나가 콜롬비아를 상대로 페널티킥을 얻어서 마르틴 팔레르모 선수가 공을 찼으나 골대를 맞고 튕겨 나왔습니다. 잠시 뒤 아르헨티나는 다시 페널티킥을 얻었고 역시 팔레르모 선수가 공을 찼습니다. 그런데 이번에는 공이 골대를 벗어나 관중석으로 날아갔습니다.

아르헨티나는 또다시 페널티킥을 얻었고, 이번에도 팔레르모 선수가 나섰습니다. 팔레르모는 침착하게 골대 안으로 공을 찼지만, 불행하게도 콜롬비아 골키퍼의 손에 가로막혔습니다. 이 페널티킥 실패는 매우 보기 드문 사례로 기네스북에 올라 있습니다.

그런데 페널티킥은 누가 언제 왜 만들었을까요?

초창기 축구 경기에서는 승부를 내지 못하는 일이 종종 일어났습니다. 공이 골대 안으로 들어갈 만한 위험한 상황이 되면 수비수가 상대 공격수에게 반칙을 저질러 공을 못 차게 했기 때문이지요. 그렇게 시간이 흐르고 흐르면 점차 선수들은 지쳐 뛰지도 못할 지경에 이르곤 했습니다.

"골대 근처에서 심하게 반칙하면 결투 같은 방식으로 공을 차도록 합시다!"

1891년 북아일랜드인 윌리엄 맥크럼과 밀포드 에버튼은 이렇게 주장하며 페널티킥 제도를 축구 협회에 건의했습니다. 페널티(penalty)는 '벌칙', 킥(kick)은 '차기'라는 뜻이니 심한 벌칙에 대해 보상해 주는 '벌칙차기'는 이렇게 축구 경기에 채택됐습니다.

어떻게 보면 페널티킥은 미국 서부 시대의 총잡이 결투처럼 보이는데, 실제로 당시 언론은 '사형 제도'라며 비난했습니다. 둘 중 하나는 패배자 같은 기분을 맛볼 테니까요.

어찌 됐든 페널티킥은 1890~1891년 시즌 아일랜드 축구 협회에 즉각 도입됐고, 1891년 아일랜드 팀과 미국-캐나다 연합 팀과의 경기에서 처음 시도되었습니다. 이날 미국 출신 제프리 선수는 제1호 페널티킥을 성공시켜 축구 역사에 이색적인 기록을 남겼습니다.

　영국 축구 협회는 1891~1892년 시즌에 페널티킥 제도를 받아들이면서 반칙 금지 구역을 명확히 하고자 페널티 에어리어(penalty area)를 신설했습니다. 페널티 에어리어는 골문 앞에 설정된 가로 40.33m, 세로 16.5m 되는 지역을 가리키며, 이 안에서 수비수가 심하게 반칙하면 상대 팀에게 페널티킥을 줍니다.

　페널티킥은 축구 경기의 벌칙 중 가장 비중이 크기에 공을 차는 사람이나 막는 사람이나 모두 큰 부담을 느낍니다. 축구 선수 대부분이 페널티킥 찰 때 가장 큰 스트레스를 받는다고 말하거든요.

　'차는 지점과 골문과의 거리가 11미터인데, 날아가는 공의 속도가 골키퍼의 반응 속도보다 빠르다.'

이론상으로는 공을 차는 선수가 절대적으로 유리하지만, 실제 성공률은 70~80%에 그칩니다. 페널티킥 심리 싸움에서 골키퍼가 이기는 예도 적지 않기 때문이지요.

페널티킥은 승부차기라는 제도를 낳기도 했습니다. 연장전에서도 승패를 가르지 못했을 때 페널티킥이 효과적 결론이라 여겼기 때문이지요. 국제 축구 연맹은 1970년에 승부차기 규정을 만들었는데, 이에 따르면 경기가 무승부로 끝날 때 시행하게 되어 있습니다.

승부차기는 영어로 'kicks from the penalty mark'라고 말하며, 줄여서 PK로 표시합니다.

승부차기에서는 각 팀 선수가 한 번씩 번갈아 다섯 번 공을 찹니다.

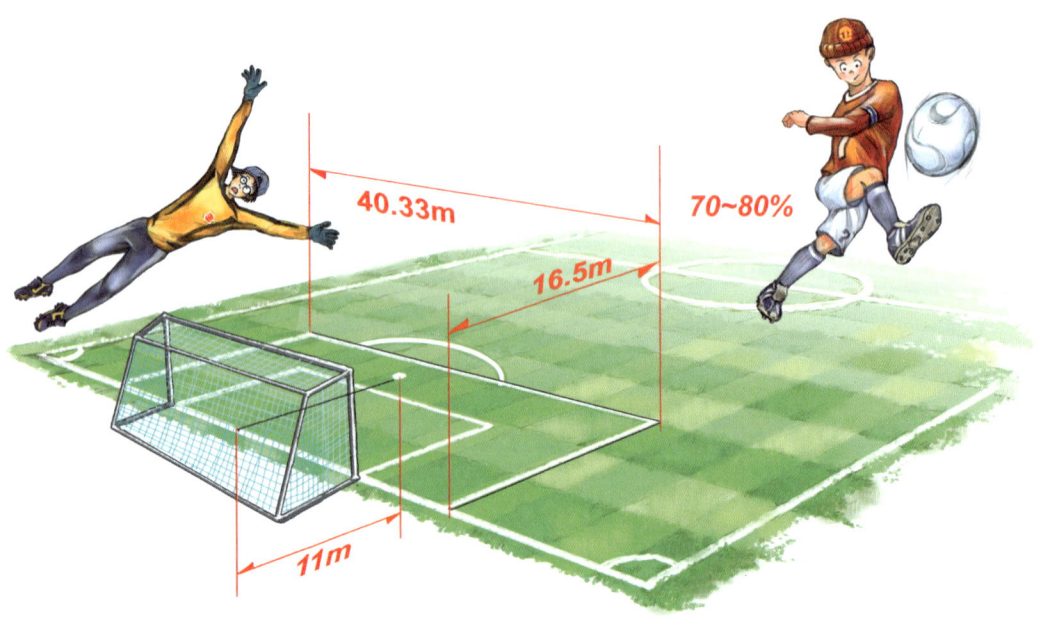

다섯 번 이전에 승패가 분명해지면 남은 킥을 진행하지 않으며, 다섯 번 차고도 무승부일 때는 한쪽 팀이 더 많은 득점을 얻을 때까지 공을 번갈아 찹니다.

레프 야신, 전설의 수문장

2018년 러시아 월드컵 포스터에는, 러시아를 넘어 세계 축구의 전설로 통하는 레프 야신이 전면에 등장합니다. 야신은 검은 유니폼을 즐겨 입고, 거미가 거미줄로 벌레를 잡듯 공을 척척 막아내는 모습에 '검은 거미', '흑거미'로 불렸습니다.

야신은 세계 축구 역사상 가장 위대한 골키퍼로 손꼽힙니다. 1954년 국가 대표로 발탁된 뒤에 1956년 올림픽과 1960년 유럽 축구 선수권 대회에서 러시아가 우승하는 데 가장 큰 역할을 했습니다. 선수 생활 동안 막아낸 페널티킥이 무려 150여 개나 됩니다.

야신은 골키퍼로는 유일하게 1963년 발롱도르(한 해 최고의 활약을 펼친 축구 선수에게 주는 상)를 받았습니다. 러시아 축구에 있어 야신은 유일한 자랑거리이자 전설이기에 월드컵 포스터를 장식하게 된 것입니다.

06 포메이션이 뭘까

19세기 중엽 축구 경기에서는 앞쪽으로 공을 보내면 반칙이었습니다. 전방 패스를 할 수 없었죠. 그러면 어떻게 상대 골문 앞까지 갈 수 있었을까요? 그 유일한 방법은 드리블이었습니다. '패스'는 동료에게 공을 차서 건네주는 일, '드리블'은 발과 머리로 공을 몰아가는 일을 뜻합니다.

따라서 초창기 축구 경기는 한 선수가 요리조리 공을 몰면서 상대 골문 앞까지 간 다음 슛하여 골인시키는 내용으로 진행되었습니다. 가끔 옆에 있는 동료에게 패스하기도 했으나, 대부분은 드리블 실력이 뛰어난 선수가 공을 몰고 가기 일쑤였습니다. 사정이 이러니 포메이션이 따로 없었지요.

'포메이션'은 상대편의 공격과 방어 형태에 따른 팀의 편성 방법을 가리키는 말입니다. 일반적으로 수비, 미드필드(중앙 지역), 공격 진영에 각각 몇 명씩 배치하느냐를 숫자로 나타낸 것을 말합니다.

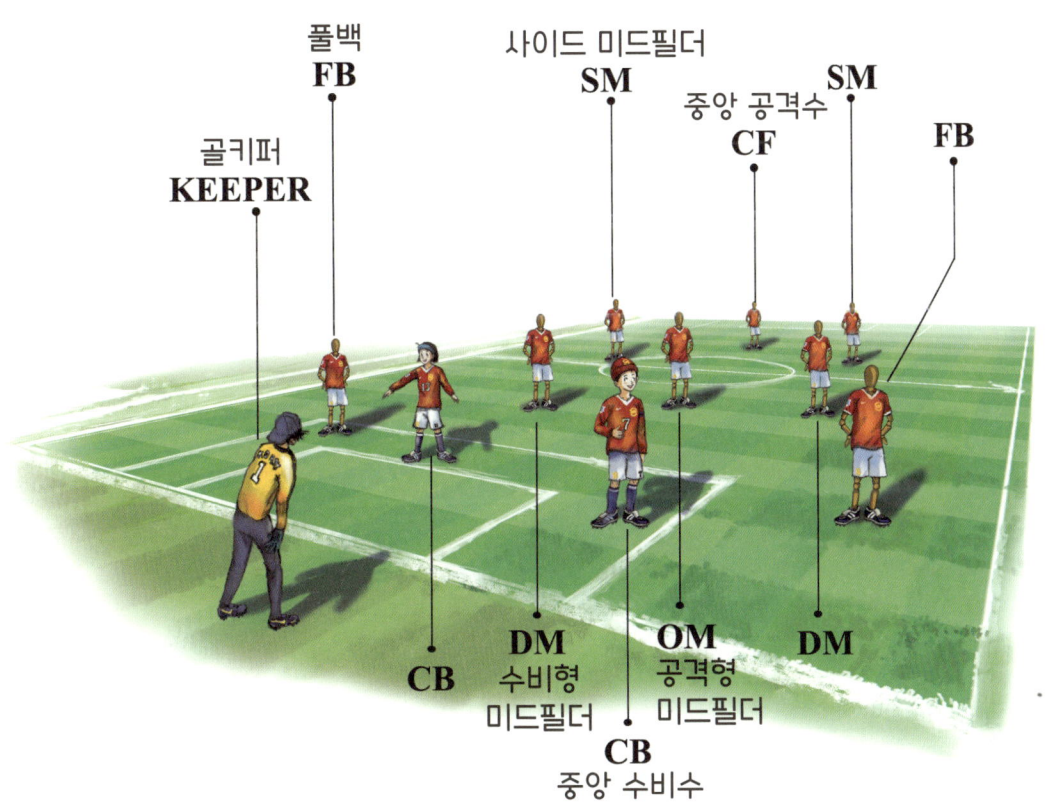

"와, 저 선수 드리블 대단하다."

"그래, 정말 환상적이야."

1850년대까지만 해도 이런 감탄이 축구 경기장에서 종종 나왔습니다. 그 무렵 포메이션은 1(수비)-9(공격) 또는 2-8처럼 단순했기에, 상대 골문을 향해 공을 몰고 간 공격수가 수비 한 명이나 두 명을 멋지게 제치고 골을 넣곤 했으니까요. 포메이션은 골키퍼를 기준으로 그 앞에 자리 잡은 선수 수를 표시합니다.

그러나 1860년대에 1-2-7 형태의 포메이션이 등장했습니다. 수비수 1명과 공격수 7명 사이에 중간 수비수 2명을 배치한 것으로, 발재간 좋은 선수 7명이 공격을 맡고 그보다 못한 선수가 이중(뒤에 1명-앞에 2명)으로 수비를 담당했습니다. 기술이 가장 처지는 사람은 골키퍼를 맡았습니다.

"어라, 수비수를 한 명 뚫었는데 또 수비수가 있네."

이때부터 공격수 측면에서 보면 이전보다 골을 넣기 어려워졌습니다. 그에 대한 대응책이 바로 전방 패스입니다. 때마침 1863년에 마련된 축구 규칙은 전방 패스를 허용했습니다. 스코틀랜드는 패싱 게임(passing game)을 적극적으로 펼쳤으며 공격수를 6명으로 줄이고 수비를 1명 더 늘린 2-2-6 포메이션을 개발했습니다. 이런 전술은 1880년대에 잉글랜드까지 퍼졌고 이제 축구는 드리블링 게임에서 패싱 게임으로 바뀌었습니다.

"점수 내기가 한층 힘들어졌네."

수비수가 늘자 득점이 줄어들었습니다. 그렇지만 수비는 점점 더 강화되었고, 1925년 잉글랜드에서 W·M(3·2·2·3) 포메이션을 선보였습니다. 우루과이는 이 전술로 1950년 월드컵에서 우승했습니다.

마침내 축구 역사에서 충격적인 일이 벌어졌습니다. 1952년 헝가리 국가 대표 팀이 공격수를 4명으로 줄이고 수비수를 6명 배치한 4-2-4 포메이션으로 당시 최강으로 평가받던 영국 국가 대표 팀을 격파한 것입니다. 이후 수비 중심의 지역 방어가 일반화되었고 1970년대에는 4-3-3과 4-4-2 포메이션까지 등장했습니다. '무엇보다 골을 먹지 않아야 한다'라는 극단적 수비 전술이 이런 변화를 낳은 것입니다.

이는 공격 축구의 재미를 줄이고, 수비수 비중을 높이며 페널티킥·프리킥·코너킥의 중요성을 강조하게 되는 결과를 가져왔습니다. 현대 축구가 해결해야 할 과제입니다.

한편 포메이션 때문에 유니폼에 번호를 다는 관습이 생겼습니다. 1933년 영국에서 2-3-5 포메이션을 선보이면서 관중이 각각의 선수를 알아보게끔 위치에 따라 등번호를 부여한 것입니다. 1933년 12월 22일 잉글랜드 FA컵 결승전에 출전한 에버튼이 1~11번, 맨체스터 시티가 12~22번까지의 번호를 유니폼에 단 게 최초입니다.

07 골대를 맞추면 정말 질까

"골인!"

"노골!"

옛날 축구장에서는 축구 선수들이 가끔 득점 여부를 두고 논란을 벌였습니다. 초기의 골대는 골네트(골문에 친 그물) 없이 골포스트(골문의 양쪽 기둥)만 세워져 있어서 숱한 공이 골대 안쪽으로 지나갔는지 바깥쪽으로 지나갔는지 확인하기 어려웠거든요.

그렇다면 골네트는 누가 언제 만들었을까요?

1850년대만 해도 골대는 양쪽 세로 기둥뿐이었습니다. 선수가 공을 차서 그 사이로 집어넣으면 득점으로 인정되었지요. 그러다 1875년 국제 축구 연맹과 영국 축구 협회로 이뤄진 규칙 개정 위원회에서 골대에 관해 더욱 구체적으로 협의했습니다.

"골대 위로 높이 차기만 하면 골로 인정되니 문제가 많습니다."

"선수들의 공을 차고 다루는 기술이 많이 늘었으니 골대를 좁힙시다."

"그것보다는 세로 기둥 위에 가로 기둥을 걸쳐서 사각형 골문을 만듭시다."

"그거 좋은 의견입니다."

이리하여 크로스바(골포스트를 가로지른 대)가 설치됐고, 이로써 골대는 좌우 넓이를 정한 골포스트와 높이를 제한한 크로스바로 이뤄지게 되었습니다. 이제는 골대 안으로 공을 넣어야만 득점으로 인정되게 된 것입니다.

가로 기둥은 처음에 노끈이나 줄을 걸쳐 표시했으나, 1890년대 이후 기둥으로 바뀌었습니다. 가끔 줄이 늘어져서 말썽을 빚었기 때문이지요.

그렇지만 득점 여부에 대한 말다툼이 이따금 일어났습니다. 골대 가까이 지나간 공은 보는 사람에 따라 헷갈릴 수 있기 때문이지요. 공이 지나간 반대편 쪽에서 보면 안팎을 착각하기 쉬우니까요.

'공이 그물에 걸리도록 하면 어떨까?'

1890년 영국 리버풀 출신 존 알렉산더 브로디는 새잡이 그물에 착

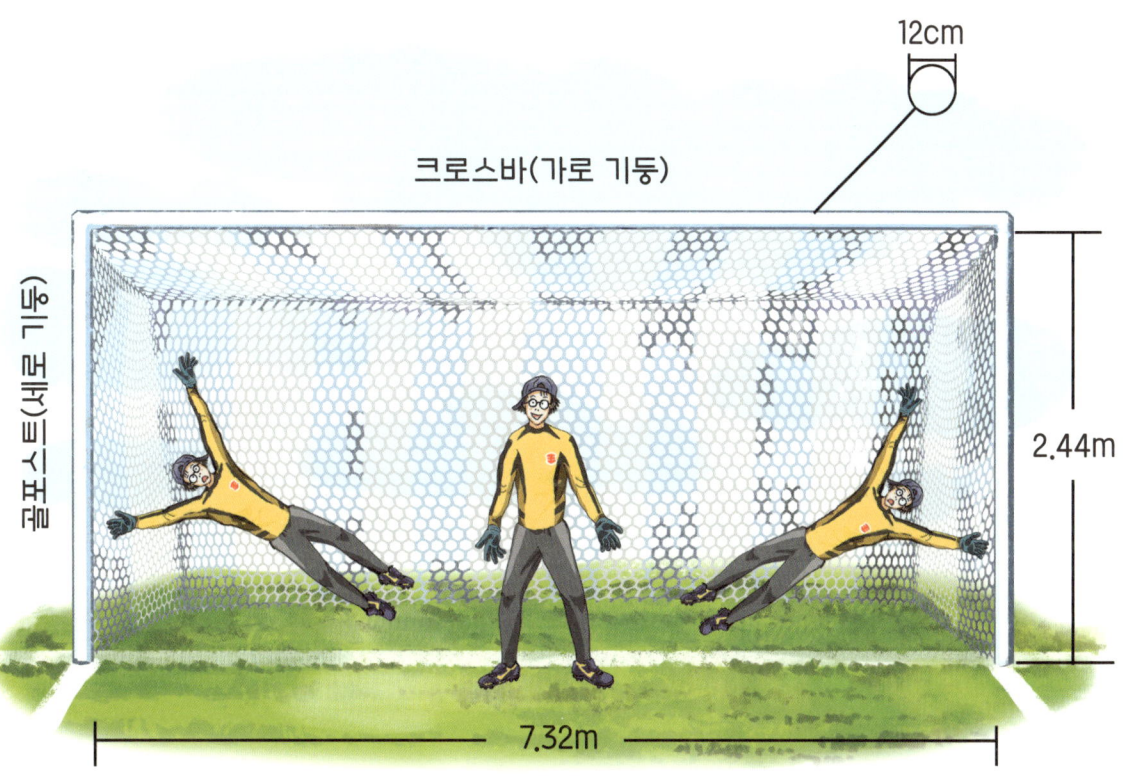

안하여 그물을 매단 골대를 개발했습니다.

"와, 참신한 생각이네."

골네트 달린 골대는 1891년 1월 노팅엄 경기장에 처음 설치됐고, 그 날 관중들은 네트를 출렁이는 공을 보며 통쾌한 박진감을 느꼈습니다. 득점 여부에 대해 시비도 일어나지 않았고, 공을 주우러 가지 않아도 됐습니다. 그 뒤 골네트 모양은 조금씩 변해 왔으며 요즘에는 육각형 그물코 모양의 흰색 네트를 사용하고 있습니다.

국제 축구 연맹의 규정에 따르면, 골대는 반드시 골라인 중앙에 설

치해야 합니다. 두 기둥의 거리는 7.32m, 땅에서 크로스바 아래쪽까지의 높이는 2.44m입니다. 골포스트와 크로스바의 지름과 두께는 같아야 하며 12㎝를 넘으면 안 됩니다. 또한 골포스트와 크로스바는 흰색이어야 하고, 골네트는 골키퍼를 방해하지 않도록 지지대로 완전하게 받쳐 주어야 합니다. 그리고 공 전체가 골라인 안으로 들어가야 득점으로 인정됩니다.

한편 축구계에는 '슛한 공이 골대를 맞추면 경기에서 진다'라는 이른바 '골대 징크스'가 있습니다. 정말 그럴까요?

2002년 한일 월드컵 때 우승 후보 프랑스는 골대 징크스에 유난히

시달렸습니다. 조별리그 3경기에서 5번이나 골대를 맞추며 득점에 실패하고 16강 진출에 실패했거든요. 포르투갈과 스페인도 한국과의 경기에서 골대를 맞추며 경기에 졌습니다. 그래서 골대 징크스를 사실처럼 믿는 사람이 많았습니다.

  하지만 이탈리아는 독일과의 준결승에서 골대를 두 번이나 맞췄지만, 2:0 승리를 거둠으로써 골대 징크스가 사실이 아님을 보여 주었습니다. 일반적으로 골대를 맞추면 운이 없다고 생각하기 때문에 골대 징크스가 생긴 것뿐입니다.

08 알쏭달쏭한 오프사이드 역사

"멈추지 말고 계속 밀어붙여!"

초창기 축구 경기는 전투를 떠올릴 만큼 공격적이었습니다. 몸집 큰 선수들이 골문으로 밀고 들어가 자리를 차지한 다음 공을 차곤 했으니까요. 수비수들이 공격수의 움직임을 막아 보려 애썼지만 몸집에서 밀리면 금방 골문이 뚫리곤 했지요.

"너무 거칠어서 위험하니 뭔가 변화를 꾀해야겠어."

1863년 영국에서 '공을 받을 공격수와 상대 골라인 사이에 상대 수비수 3명 이상이 있어야 패스할 수 있다'는 오프사이드(off side) 규칙을 정했습니다. 여기서 사이드(side)는 '진지(陣地)', 오프(off)는 '벗어난다'라는 의미로서, 오프사이드는 진지를 벗어난 상태를 가리킵니다.

덕분에 경기 내용이 다소 부드러워졌고, 선수들이 기술에 눈을 돌리는 계기가 되기도 했습니다.

하지만 오프사이드는 경기에서 골이 줄어드는 결과를 가져왔습니다. 그걸 고치고자 운동장 중간에 하프 라인(중앙선)을 긋고 오프사이드를 완화했습니다.

이와 더불어 1925년 공격수와 골라인 사이 수비수 숫자를 3명에서 2명으로 줄이고, 나중에는 2명을 1명으로 줄여서 한층 공격적인 경기를 유도했습니다.

"상대 수비수보다 골키퍼와 가까이 있어도 공만 건드리지 않으면 괜찮다."

오늘날 공격수가 상대 진영 깊숙이 들어가 있는 상태 자체로는 아무 문제 없으며, 거기에 있는 공격수가 공을 받거나 찰 때만 오프사이드 반칙으로 인정됩니다. 그리고 골킥·스로인·코너킥 상황에서는 직접 공을 받아도 반칙이 아닙니다. 숱한 공이 상대 골문 안으로 들어갔는데도 무효로 선언되는 대부분은 오프사이드 반칙이 이유입니다.

축구 규칙도 변화해 간다!

축구 경기에 관한 규칙과 제도는 주로 월드컵을 마칠 때마다 보완되었습니다. 대회에서 나타난 문제점을 고치다 보니 자연스레 규칙의 개정이 이루어졌지요.

1970년 멕시코 월드컵에서는 처음으로 선수 교체 제도가 시행되었는데, 이는 1966년 잉글랜드 월드컵에서 다친 선수 대신에 다른 선수를 교체할 수 없는 일이 벌어졌기 때문입니다. 1986년 월드컵에서는 축구 선수들이 안전하게 수비하려고 의미 없는 패스를 남발하며 재미없는 경기가 펼쳐졌습니다. 그래서 1994년 미국 월드컵에서는 수비수가 골키퍼에게 공을 보내는 백패스가 금지되었지요.

1998년 프랑스 월드컵에서는 뒤에서 달려드는 백태클이 금지됐고, 2002년 한일 월드컵에서는 심판을 속이기 위한 몸동작이 금지되었습니다.

2016년 새롭게 바뀐 축구 규칙을 살펴보면, 킥오프(공을 운동장 중앙에 놓고 경기를 시작하는 것) 시 어느 방향으로도 공을 찰 수 있게 되었습니다. 과거에는 무조건 앞쪽으로 움직여야 했지요. 또한 득점, PK 판정, 퇴장 상황, 제재 선수 식별 문제에 비디오 판독이 가능하게 되었습니다.

비디오 판독 시스템은 2018년 러시아 월드컵에서도 사용될 예정입니다. 월드컵에 도입되는 것은 이번이 처음입니다. 이러한 규칙 변화 덕분에 현대 축구는 더욱 공정해지고, 박진감 넘치는 경기가 되고 있습니다.

09 유독 축구의 세리머니가 인상적인 까닭

"골인! 베베토 선수 양팔을 좌우로 휘젓고 있습니다."

1994년 미국 월드컵에서 브라질 축구팀 공격수 베베토는 네덜란드와의 8강전에서 골을 넣은 뒤 골라인 근처로 달려 나와 마치 아기를 어르는 듯한 동작을 했습니다. 이어 뒤따라 온 호마리우 선수도 베베토와 나란히 서서 같은 동작을 했고요.

베베토가 대회 도중에 태어난 자기 아기를 위해 한 요람 세리머니는 많은 축구팬에게 깊은 인상을 남겼습니다. 뒷날 베베토는 한 인터뷰에서 세리머니에 대해 이렇게 말했습니다.

"가장 행복한 순간에 제가 아끼는 아들을 위해 세리머니를 한 것입니다. 2006년 독일 월드컵 때 브라질 공격수 아드리아누가 요람 세리머니를 펼칠 때는 행복하고 기분이 좋았습니다."

　세리머니(ceremony)는 본래 '엄숙한 의식'이나 '예의를 갖춘 형식'을 뜻하는 말입니다. 그렇지만 축구에서의 골 세리머니(goal ceremony)는 '골을 넣은 뒤의 감격을 몸으로 나타내는 골 뒤풀이' 의미로 통합니다.

축구는 다른 구기보다 골이 적게 나오는 경기입니다. 그래서 팽팽한 공방전을 깨고 골을 터뜨리면 기쁨이 무척 큽니다. 다른 구기 종목보다 비교적 오랜 시간 긴장감을 유지한 상태에서 골이 터지니 인상적이기도 하고요. 그 모습이 매우 극적인 효과가 있기에 축구 경기에서는 어느 정도의 세리머니를 인정해 줍니다. 관중에게 새로운 볼거리이기도 하니까요.

초기에는 운동장을 달리면서 양팔을 치켜들거나 한 손으로 V자를 그리기 일쑤였습니다. 때로는 주먹을 불끈 쥐며 환호성을 지르고 응원단이 있는 곳으로 가서 만세를 이끌어내기도 했습니다. 사실 이런 세리머니는 뭘 의식한 동작이라기보다 그냥 기쁨의 표현이었습니다.

그런데 1980년대 들어 TV 축구 중계가 활발해지면서 선수들이 카메라를 의식하기 시작했습니다. 골을 넣은 뒤 카메라 근처로 달려가서 자랑스러운 모습을 내보인 것이지요. 이때 팬들의 시선을 붙잡은 선수가 있었으니 바로 우고 산체스입니다.

1986년 멕시코 월드컵에서 멕시코의 공격수 우고 산체스는 벨기에와의 경기에서 골을 넣은 뒤 텀블링(공중제비)을 해서 눈길을 끌었습니다. 산체스는 체조 선수인 누나의 영향으로 어려서부터 체조를 익혀 몸이 유연했습니다. 그는 이전에 활약한 스페인 리그에서도 골 뒤풀이로 텀블링을 했고, 큰 무대인 월드컵에서도 같은 묘기를 선보인 것입니다.

 이후 많은 선수가 적극적으로 이색적인 세리머니를 표현했습니다. 프로 선수는 인기를 의식해 이왕이면 멋진 세리머니를 보이고 싶어 했지요.

 화제를 모은 재미있거나 인상적인 세리머니를 살펴볼까요?

 잉글랜드 프리미어 리그에서 뛴 로비 킨은 한 바퀴 땅을 구른 뒤 총을 쏘는 변형 텀블링이 장기였고, 독일 선수 클로제는 두 바퀴 공중제비를 보여 주곤 했습니다. 그런가 하면 카메룬 축구팀의 로저 밀러는

1990년 이탈리아 월드컵에서 골을 넣은 뒤 코너로 가서 동료들과 함께 집단 춤을 추었습니다. 그 뒤 코너에서 추는 집단 춤은 아프리카 국가 대표 팀들에게 유행처럼 번졌습니다.

  한편 지나친 골 뒤풀이는 상대 팀에게 자극이 되기도 합니다. 자칫하면 충돌을 일으킬 요소가 되지요. 그래서 국제 축구 연맹은 몇 가지 금지 사항을 마련했습니다. '유니폼 상의를 벗으면 안 된다. 특정 마크가 있는 속옷 상의를 보이면 안 된다. 상대편을 조롱하는 행위를 하면 안 된다. 정치 종교적 슬로건을 하면 안 된다. 너무 오랜 시간 세리머니를 해도 안 된다.' 따위가 그 대표적인 조항입니다.

10 한 선수가 3골 넣은 걸 왜 '해트 트릭'이라고 말할까

    1938년 프랑스 월드컵 대회 1회전에서 브라질과 폴란드가 경기할 때의 일입니다. 그날 비가 많이 내려서 경기장은 질퍽거렸고, 선수들은 자꾸 벗겨지는 신발 때문에 곤욕을 치렀습니다. 하여 브라질 공격수 레오디나스는 주심에게 이렇게 말했습니다.

    "신발 신은 채 진흙땅을 뛰기 힘드니 양 팀 선수 모두 맨발로 뛰도록 해 주십시오."

    주심은 규정에 어긋난다면서 그 제안을 받아들이지 않았습니다. 그렇지만 레오디나스는 후반전에 심판 몰래 신발을 벗고 뛰다가 들켜 경고를 받았습니다. 결국 경기는 연장전을 치른 끝에 브라질의 6:5 승리로 끝났고, 레오디나스는 브라질의 축구 영웅으로 떠올랐습니다.

그 불편한 경기장 상황에서 레오니다스는 전반에만 해트 트릭을 기록했고, 이후 경기까지 포함해 총 8골을 넣어 그해 월드컵 득점왕을 차지했기 때문입니다.

그런데 '해트 트릭(hat trick)'이 뭘까요? 해트 트릭은 축구에서 한 선수가 3골 이상 넣는 일을 가리킵니다. 20세기 초 영국의 크리켓 게임에서 타자 3명을 연속 아웃시킨 투수에게 마법의 모자(hat-trick)를 씌워 주던 관습에서 유래된 말이며, 이 용어가 축구와 하키에도 전해지면서 한 선수가 혼자 3골 이상 기록한 걸 나타낼 때 쓰고 있습니다.

월드컵 사상 최초의 해트 트릭은 1930년 우루과이 월드컵에서 아르헨티나의 스타빌레가 기록했습니다. 스타빌레는 그해 7월 19일 멕시코와의 경기에서 혼자 3골을 넣었으며 이후 결승전까지 4경기 연속하여 골을 넣어 총 8골로 득점왕에 올랐습니다.

가장 많은 해트 트릭을 기록한 사람은 브라질 축구 선수 펠레로서 그는 공식 축구 경기에서 무려 92차례나 해트 트릭을 기록했습니다. 오늘날에도 축구 선수들이 해트 트릭을 달성하는 때가 있긴 하나 그렇게 많지는 않습니다. 요즘은 한 골 넣기도 어렵기 때문이지요.

11 경기 끝난 뒤 선수끼리 유니폼을 바꾸는 이유

1860년대 영국에서 축구는 상류층 사람들이 즐기는 특별한 스포츠였습니다. 선수들 복장 역시 정장에 가까워서 흰색 셔츠에 흰색 니커보커스(무릎 밑을 졸라매는 반바지)를 입었습니다. 얼핏 보면 세련된 옷을 입고 공을 찼던 셈이지요.

그렇지만 운동장을 뛰는 선수로서는 참으로 불편한 차림이었습니다. 그런 옷은 땀을 말리기에 적당하지 않았으니까요. 더구나 발목을 감싸는 가죽 축구화는 매우 튼튼했지만, 뒷굽이 높은 데다 투박하고 무거웠습니다.

"조심해, 모자 떨어지겠다."

그뿐만 아니라 선수는 머리에 모자를 써야 했습니다. 헤딩할 때 머리를 보호하려는 조치였는데 모자가 흘러내리지 않도록 꽉 끼게 써야 해서 매우 답답했습니다. 그런데도 당시 축구공은 매우 딱딱해서 그냥 머리로 공을 들이받으면 무척 아프니 그저 참고 모자를 써야 했습니다.

그러다가 노동자들도 축구를 즐기게 되면서 복장에 변화가 생겼습니다. 이들은 멋을 부리기보다 실용적인 옷차림을 좋아했고 평상복을 운동복으로 입곤 했습니다. 그리고 1885년 영국에 프로 축구가 탄생하면서 유니폼을 맞춰 입기에 이르렀습니다. 축구 선수 복장도 명확히 정했습니다.

'같은 팀 선수들의 셔츠와 팬츠, 스타킹 색깔은 같아야 하며 상대 팀 유니폼 색깔과 잘 구별되어야 한다.'

국제 축구 연맹 규정상 두 팀이 같은 색깔의 유니폼을 입을 수 없습니다. 모든 팀은 제1 유니폼(주 유니폼)과 제2 유니폼(보조 유니폼) 두 가지를 준비해야 합니다. 홈팀이 유니폼 선택권을 가지며, 대진표에서는 왼편에 있는 팀이 홈팀입니다. 한국 팀의 유니폼은 붉은색의 주 유니폼과 하얀색의 보조 유니폼으로 구성되어 있습니다.

축구에서 유니폼은 '구분' 이상의 상징을 지니고 있습니다. 자기 팀을 나타내는 시각적인 상징이자 단결력이나 자부심을 강조하는 복장이기 때문입니다. 같은 맥락으로 축구 대회에서 우승한 팀은 그 횟수에 맞춰 유니폼에 별을 새기는 관습이 있습니다. 이때의 별은 '최고'를 의미하지요.

일반적으로 국가 대표 팀이나 각 나라의 클럽 팀 유니폼을 보면 빨강, 파랑, 노랑, 초록, 하양이 많습니다. 그중 빨강과 파랑이 단연 많은데 이는 두 색깔이 강한 인상을 주기에 그렇습니다.

일부 대표 팀 유니폼은 세계적으로 유명하기도 합니다. 이탈리아 유니폼은 지중해를 상징하는 아주리(파란색)를 나타낸다 하여 '아주리 군단', 네덜란드 유니폼은 오렌지색이어서 '오렌지 군단', 브라질 유니폼은 카나리아 새처럼 노랗다 하여 '카나리아 군단'이란 별명으로 통

합니다. 그런가 하면 벨기에와 한국 유니폼은 같은 붉은색이기에 똑같이 '붉은 악마'라 부르고 있고요.

이처럼 신성했던 유니폼은 1980년대 초 또 한 번 변화를 맞았습니다. 축구팀을 후원하는 회사 이름이나 상표를 유니폼에서 눈에 잘 띄는 위치에 달게 되었거든요. 이른바 후원 계약에 따른 조치였는데 이로써 유니폼은 움직이는 광고판이 되었습니다.

한편 경기가 끝난 뒤 선수들끼리 유니폼 상의를 바꿔 입는 걸 종종 볼 수 있습니다. 이는 1970년대 후반 무렵 시작된 전통으로 상대방에

게 경의와 더불어 친밀한 우정을 나타내는 행위입니다. 또한 약한 팀 선수는 평소 좋아하거나 존경하는 강한 팀 선수의 옷을 기념으로 갖고 싶어 교환을 요청하기도 합니다.

    요즘에는 팬들이 좋아하는 선수와 같은 유니폼을 구매해 입으며 경기장에서 응원하기도 합니다.

12 축구 대회 우승팀에게 트로피를 주는 까닭

"쪽, 쪽!"

축구 대회에서 챔피언이 된 팀 선수들은 돌아가며 트로피에 입술을 대고 짜릿한 기분을 맛보곤 합니다. 우승팀에게 트로피를 주는 이유는 뭘까요?

'트로피(trophy)'라는 말 자체는 '적을 패배시킨 표지'라는 뜻의 그리스어 '트로파이온(tropaion)'에 어원을 두고 있습니다. 형체(모양)로서의 역사 역시 고대 그리스 시대로 거슬러 올라가고요.

고대 그리스는 전투에서 승리를 거두면, 적에게서 빼앗은 물품들을 공로자에게 나눠 주었는데 그게 트로피의 시초입니다. 또한 갑옷이나 투구를 이용해 커다란 술잔처럼 만든 다음에 거기에 술을 부어 마셔 승리의 기쁨을 누리기도 했습니다.

기록상으로는 기원전 3세기쯤 영웅에게 주고자 특별히 만든 신상(神像)과 인물 조각이 트로피 수여의 효시라고 여겨집니다. 따라서 트로피는 '승자를 위한 축배'를 상징합니다.

트로피는 스포츠 세계에 그대로 스며들었습니다. 스포츠 경기도 승패를 가르기 때문이지요. 그 모양은 컵이나 방패 형태로 만들어지며 썩지 않는 은(銀)에 상의 의미를 새겨 우승의 명예를 영원히 나타내줍니다.

18세기 초 영국의 앤 여왕이 승마 대회 우승자에게 술을 따라 마실 수 있도록 컵 모양 트로피를 주었으며 이후 대부분의 트로피는 웅장한 받침대가 커다란 은색 잔을 떠받친 형태로 제작되고 있습니다.

축구 역사에서는 1872년 7월 20일 열린 제1회 잉글랜드컵에서 트로피가 처음 등장했습니다.

한편 월드컵 트로피의 경우 첫 쥘리메컵은 여신 머리 위에 팔각형

컵이 있는 모양이었으나 두 번째로 만들어진 피파컵은 그렇지 않습니다. 두 인물이 지구를 떠받치는 형상이거든요. 어찌 됐든 이런 역사를 바탕으로 오늘날 대부분의 축구 대회에서는 컵 모양의 트로피를 만들어 우승을 기념하고 있습니다.

13 축구공은 왜 오각형 검정과 육각형 하양으로 만들어질까

"힘껏 찼는데도 잘 안 굴러가네."

옛날에는 들판이나 빈터에서 축구 시합할 때 마땅한 공이 없어서 지금보다 재미가 덜했습니다. 고무가 보급되지 않았기에 탄력 있는 물질로 공을 만들 수 없었거든요. 그래서 동물 가죽에 털 뭉치를 쑤셔 넣어 동그랗게 만들거나 오줌보에 바람을 불어넣어 공을 만들곤 했습니다. 어떤 지역에서는 해골에 가죽을 덮어씌워 공으로 삼기도 했고요. 우리나라 같은 농경 문화권에서는 곡식을 털어내고 남은 짚으로 새끼줄을 꼰 다음 그걸 칭칭 감아 둥근 공을 만들기도 했습니다.

"오줌보를 공으로 하자."

그렇지만 가장 널리 이용된 건 동물 오줌보였습니다. 오줌보는 늘어

났다 줄었다 하는 탄력이 있어서 공을 찰 때 발에 기분 좋은 촉감을 주었기 때문이지요. 비록 차고 노는 과정에서 오줌보가 터지거나 쭈그러드는 일이 많았으나, 아쉬운 대로 축구공 대용으로 자주 쓰였습니다.

그러던 1872년 영국 축구 협회가 '축구공은 가죽으로 둥글게 만들어야 한다'라고 규정하면서 근대적인 축구공이 나왔습니다. 이때부터 12장이나 18장의 가늘고 긴 가죽 조각을 꿰매 만든 둥근 축구공이 정식 경기용으로 사용됐습니다.

"어라, 공이 알록달록 예쁘네."

1960년대에 들어서서 축구공은 획기적으로 달라졌습니다. 검게 칠한 오각형 가죽 12장과 하얗게 칠한 육각형 가죽 20장으로 이뤄진 정이십면체 공이 등장했거든요. 이 점박이 축구공은 사람들 관심을 끌었고, 1970년 멕시코 월드컵 대회 때 국제 축구 연맹은 스포츠용품 회사 아디다스가 만든 텔스타(Telstar)를 공식구로 지정했습니다. 따라서 텔스타는 천연 가죽으로 만든 현대 축구공의 효시로 여겨집니다.

그런데 천연 가죽은 물에 젖으면 수분을 흡수하여 무거워집니다. 가죽으로 만든 공은 비가 오는 날 힘껏 차도 멀리 나가지 않지요. 그 단점을 보완하기 위해 합성 가죽으로 만든 축구공을 발명했고, 1986년 멕시코 월드컵 대회 때부터 사용했습니다. 축구 시합할 때 날씨 영향을 적게 받기 위한 개선책인 셈입니다.

"우와, 공의 회전이 훨씬 빠르네."

1978년 아르헨티나 월드컵 공인구 '탱고'는 완전 방수에다 표면에 패널을 붙여 탄력성과 회전력을 두 배로 끌어올린 축구공으로 화제를 낳았습니다. 이후에도 신기술은 계속 보태졌습니다.

1998년 프랑스 월드컵에서는 최초로 축구공에 색을 입혔습니다. 프랑스 국기의 삼색(빨강·파랑·흰색)을 축구공에 칠한 것이지요. 이로써 흑백 점박이 축구공 관념이 다시 허물어졌습니다.

한편 축구공은 여전히 검정과 하양을 각각 오각형, 육각형 무늬로

디자인해 만듭니다. 왜 그럴까요?

　사실 오각형과 육각형을 이어붙인 공 모양은 고대 그리스 학자 아르키메데스가 처음 고안했습니다. 이른바 13가지 '아르키메데스 다면체' 중 하나로, 정다각형 입방체인 아르키메데스 다면체는 꼭짓점들이 특수한 대칭을 이룹니다. 쉽게 말해 정이십면체의 꼭짓점을 깎아서 이뤄지는 아르키메데스 다면체는 공간을 빈틈없이 가득 채울 수 있는 유일한 다면체입니다. 자연 세계에서 물방울 같은 둥근 물질의 원리이기도 하고요.

다만 그 모양으로 만든 축구공의 오각과 육각이 공교롭게도 오대양 육대주와 일치히므로, 공 하나에 세계가 담겨 있다는 의미로 설명되고 있습니다. 그러나 최근에는 바느질 없이 만든 공으로 대체되고 있습니다.

축구 심판은 왜 검은색 옷을 입을까?

전통적으로 축구 심판의 옷 색깔은 흰색 소매와 흰색 옷깃이 있는 검정입니다. 이때의 검정은 법관의 법복처럼 엄정한 판결을 상징하고, 소매와 옷깃의 하양은 고귀한 부름을 받은 성직자 복장을 표현한 것입니다. 요컨대 심판은 경기장의 재판관이므로 권위를 가지고 정의롭게 판정함을 검은색 옷으로 나타낸 것이지요. 그만큼 심판은 경기를 원활하게, 공정하게 진행해야 할 권한과 책임이 큽니다.

1994년 미국 월드컵 때 심판 윗옷을 눈에 잘 띄는 빨간색이나 노란색으로 바꾸었습니다. 이후 FIFA는 월드컵 대회 때마다 심판복 디자인을 새롭게 하는데, 아래옷과 축구화만은 검정을 고집하여 엄정한 판결의 의미를 지키고 있습니다.

14 축구팀을 왜 '클럽'이라고 부를까

"세계 최고 축구팀은 맨체스터 유나이티드야!"

"무슨 소리, 스페인의 바르셀로나가 최고지!"

두 팀은 세계적으로 유명한 축구팀을 말할 때 흔히 들먹여지는 이름입니다. 그렇다면 실제는 어떠할까요? 그에 대해 국제 축구 역사 통계 연맹(IFFHS)은 2007년에 세계 축구 클럽 순위를 다음과 같이 발표했습니다.

1. F.C. Barcelona(스페인의 바르셀로나 축구 클럽)

2. Juventus F.C.(이탈리아의 유벤투스 축구 클럽)

3. Manchester United F.C.(영국의 맨체스터 유나이티드 축구 클럽)

　위 순위는 1991년 1월 1일부터 2007년까지의 경기 성적을 누적 집계한 것으로, 이런 조사 결과는 매달 발표되므로 달별로 살펴보면 순위는 조금씩 다르지만 전체적으로 그렇다는 것이지요.

　그런가 하면 미국 경제 전문지 〈포브스〉는 2017년 세계 '최고 가치' 축구 구단 10팀을 선정해 발표했는데, 이 조사에서 맨체스터 유나이티드가 세계에서 가장 가치 있는 축구 클럽 1위로 선정되었습니다. 성적이나 팬들의 인기 따위를 경제적 가치로 분석해 볼 때 영국의 맨유가 단연 으뜸이고, 그 뒤를 스페인의 F.C. 바르셀로나와 레알 마드리드가 잇는다고 밝혔습니다.

그런데 축구팀을 왜 대부분 F.C.라고 표기할까요? F.C.는 Football의 'F'와 Club의 'C' 머리글자를 합친 약자입니다. 문자 그대로 축구 클럽이지요. 가끔 A.C.라고 표기한 축구팀도 있는데, 그건 Athletic Club의 약자로 '운동 클럽'이란 뜻입니다.

우리나라 사람들은 국가 대표 축구팀 경기에만 열광하는 경향이 있으나, 서양에서는 축구 클럽 경기에 더 많은 관심을 드러냅니다. 왜 그럴까요?

그 이유는 축구 클럽의 탄생 과정에서 찾을 수 있습니다. 영어 club(클럽)은 17세기 무렵부터 '사람의 모임', 19세기 들어서 '같은 취미를 가진 자들의 모임'이란 의미로 쓰였습니다. 독서

클럽이나 음악 감상 클럽이 이때 생겼지요.

"뜻 맞는 사람끼리 모여서 공을 찹시다!"

19세기 중반에는 축구 클럽도 나타났습니다. 1857년 영국 셰필드에서 결성된 축구 클럽이 최초이며 이를 계기로 여기저기에서 축구 클럽이 등장했습니다. 특히 1860년부터 토요일 오후에 일하지 않는 제도가 시행되면서 그 시간에 축구로 건강을 단련하고자 하는 사람들이 빠르게 늘어난 것입니다. 성직자들도 신자들에게 축구를 권했습니다.

"몸이 건강하면 마음이 한층 더 건강해집니다."

퍼브(pub)라는 대중 술집도 축구 클럽을 만들어 고객을 관리했고, 중·고등학교를 졸업한 동창들도 축구 클럽을 통해 교류를 계속했습니다. 맨체스터 유나이티드처럼 철도 직원들로 구성된 팀도 나왔습니다. 자연스레 축구 클럽이 빠른 속도로 늘었습니다. 기업들도 홍보를 위해 축구 클럽을 창단했고 점차 규모가 커졌습니다. 이제 각 지역에는 그곳을 대표하는 축구 클럽이 있고, 축구팀 이름에 도시명이나 도시의 한 지역 이름을 그대로 붙였습니다. 축구팀에 '클럽'이란 명칭을 붙인 이유가 여기에 있습니다.

한편 초창기 축구 클럽은 승부에 집착하기보다 경기를 즐겼습니다. 그러나 1882년에 1천 개가 넘는 축구 클럽이 경쟁을 벌이면서 이제 경쟁 시대로 접어들었고, 금전적 가치를 중시하기에 이르렀습니다. 상금,

후원금, 선수 이적료 따위 문제가 발생하면서 드디어 직업적인 축구 클럽이 탄생했습니다. 1888년 영국의 12개 클럽은 상업적인 풋볼(football) 리그를 창설하여 대중의 관심을 모았고, 이 열기는 유럽 다른 나라에도 전해졌습니다.

'A 매치'는 무슨 뜻일까?

A 매치는 'International A Match'의 줄임말이에요. 정식 축구 국가 대표 팀 간의 경기를 뜻합니다. 일반적으로 축구 경기는 자국에서 국내 클럽끼리 치르는 프로 리그와 아마추어 리그가 있고, 다른 나라 클럽과 치르는 국제적인 대회가 있으며, 각 축구 협회의 대표 팀끼리 맞붙는 국가 대항전이 있는데, 그중 국가 대항전을 으뜸으로 여겨 A 매치라고 말하는 것입니다. 따라서 A 매치로 계산되는 건 국가 대항전 출전만 해당하지요.

역사상 최초의 A 매치는 1872년 11월 30일 스코틀랜드와 잉글랜드의 0:0 무승부로 여겨지고 있습니다. 하지만 A 매치라는 용어는 1990년대 이후 본격적으로 사용됐으며 오늘날 A 매치 결과는 FIFA 순위 산정에 주요한 점수로 반영되고 있습니다.

축구는 세계적 스포츠이기에 국가 대표로 뽑힌다는 것만으로도 영광이며, A 매치 100경기에 출전하면 센추리 클럽(century club)에 가입하게 됩니다. 오랫동안 국가를 위해 헌신한 데에 영예로운 훈장을 달아 주는 셈이지요. 우리나라의 경우 차범근, 황선홍, 홍명보, 이운재, 이영표, 유상철, 김태영, 박지성, 이동국 등이 센추리 클럽에 가입했습니다.

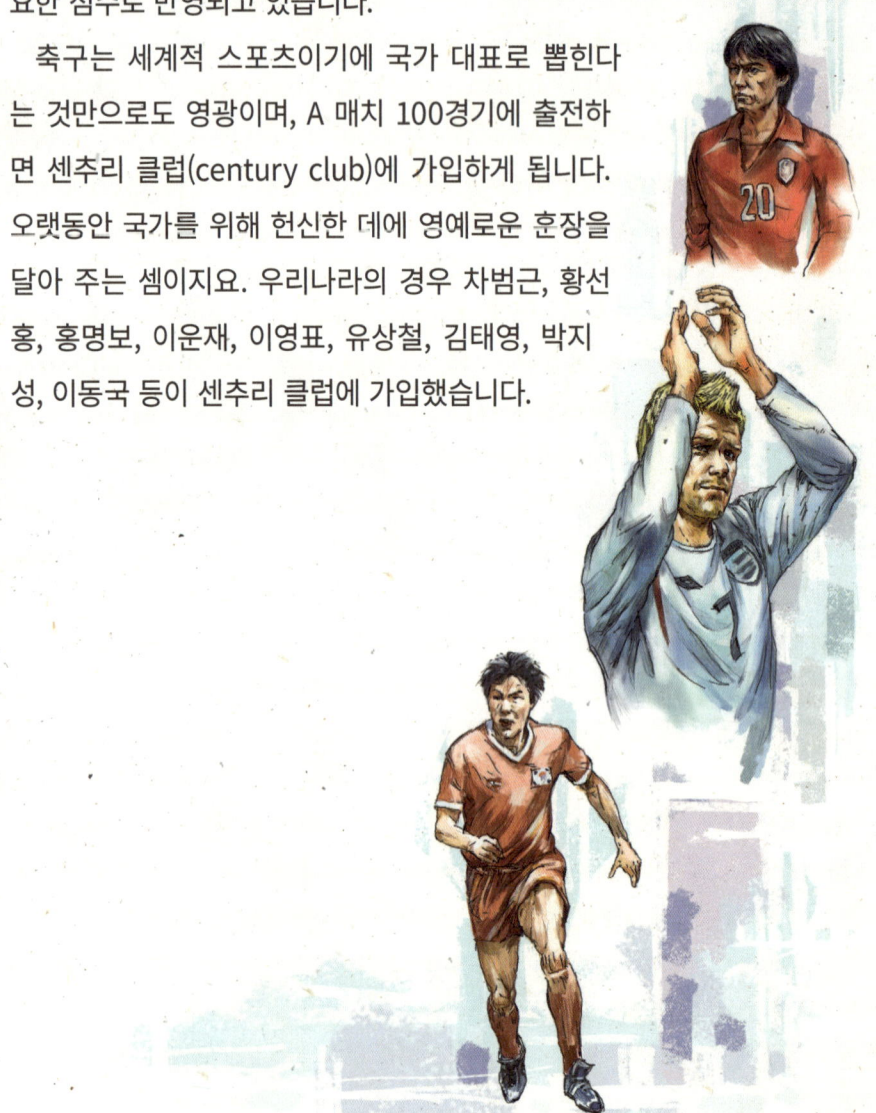

15 영국이 축구 종주국으로 여겨지는 이유

"아무래도 금지해야겠습니다."

12세기부터 영국에서 큰 인기를 끈 축구 열기는 도무지 식을 줄 몰랐습니다. 또한 승부에 집착한 나머지 경기가 매우 격렬해져 다치는 사람도 많이 생겼습니다. 이에 영국 국왕은 1424년 포고령을 내렸습니다.

"축구는 금지이며, 이를 어기는 자에게는 벌금 4펜스를 물리노라."

이로써 발로 공을 차는 경기는 '풋볼(football)'이라는 단어로 처음 법령집에 기록되었습니다. 그렇지만 축구는 여전히 인기가 높았고 경기는 갈수록 거칠어졌습니다. 일부 지식인은 축구를 '야만적 폭력이 난무하는 운동'이라 평했고, '더러운 축구 선수'라는 말이 욕으로 통했습니다.

우여곡절 끝에 축구는 19세기에 본격적인 스포츠로 정착했습니다.

영국에서 '런던 축구 협회 규칙'이란 책을 펴내면서 폭력적 요소를 제한했거든요. 그전까지는 통일된 경기 규칙이 없었습니다. 1863년 영국 런던과 근교에 산재한 풋볼 그룹 대표자들이 여러 차례 회의를 연 끝에 경기 규칙에 따른 축구를 만들어냈습니다.

이때부터 공을 차는 경기는 '연합 축구(association football)'로 알려졌고 '연합(association)'이라는 말에서 '사커(soccer)'라는 단어가 나왔습니다. 오늘날 축구를 '사커'라고 부르는 이유가 여기에 있습니다. 이렇듯 영국은 현대 축구의 기본 규칙을 만들어냈습니다.

하지만 영국이 축구 종주국으로 대접받는 더 큰 이유는 축구 발상지나 축구 규칙 제정보다 오랜 세월 지속해 온 폭발적인 축구 열기에 있습니다. 프로 축구단도 1884년 영국에서 가장 먼저 생겼으며, 이후 다른 국가들도 영국식 축구 리그를 표본으로 삼아 국가 단위 축구 리그를 결성했습니다.

영국 사람들은 일상생활처럼 축구를 즐겼습니다.

"축구를 보고 나면 스트레스가 풀려서 좋아."

신문에도 축구는 주요 기사로 다뤄졌으며 축구 관련 책이 발행됐고 축구 복권이나 도박도 행해졌습니다. 그래서 축구에 관한 소식을 모르면 대화에서 외톨이가 되기 일쑤였습니다. 또한 각각의 프로 축구팀은 특정 지역을 연고지로 삼았기에 해당 지역 축구팬들은 경기장에서 가족 같은 연대감을 느꼈습니다. 영국에서 축구는 생활의 일부이자 사교 수단이었고, 국가적 자랑이었던 셈입니다. 이런 까닭에 영국은 오늘날 축구의 종주국이란 자부심을 느끼고 있습니다.

16 월드컵은 어떻게 탄생했을까

"뭐라고? 쥘리메컵이 없어졌다고?"

1966년 3월 20일 잉글랜드 월드컵을 앞두고 런던 웨스트민스터 사원에 전시 중이던 쥘리메컵이 감쪽같이 사라졌습니다. 영국 경찰은 국가적 망신이라며 재빨리 수사에 나섰지만, 며칠이 지나도록 그 어떤 단서도 찾아내지 못했습니다. 그러나 다행히도 쥘리메컵은 일주일 뒤 엉뚱한 곳에서 발견되어 영국 정부의 시름을 덜어 주었습니다. 런던 교외에서 주인과 함께 산책하던 개가 어느 나무 아래 신문지에 말린 채 버려진 쥘리메컵을 찾아냈거든요. 덕분에 개 주인은 상금 2천 파운드를 챙겼고, 개는 맛난 뼈를 잔뜩 먹었습니다.

쥘리메컵의 수난은 여기서 그치지 않았습니다. '월드컵에서 3회 우승하면 쥘리메컵을 영원히 소유한다'라는 규정에 따라 1970년 브라질이 쥘리메컵을 가져갔는데 1983년 리우데자네이루 축구 협회 사무실에서 또다시 사라진 것입니다. 안타깝게도 쥘리메컵은 그 뒤 지금까지 발견되지 않고 있습니다.

'쥘리메컵'이 뭘까요? 초창기 월드컵 대회 우승팀에게 준 영광의 컵입니다. 1928년 5월 26일 국제 축구 연맹 회의에서 찬성 23표, 반대 5표로 월드컵(World Cup)을 창설하면서 당시 국제 축구 연맹 회장 쥘 리메(Jules Rimet) 이름을 따서 우승컵에 붙인 명칭이지요.

그때까지만 해도 국제적인 축구 대회는 올림픽뿐이었습니다. 그나마 프로 선수 참가를 허용하지 않는 대회였기에 진짜 강팀을 가린다고 볼 수 없었고요. 지금도 그렇지만 당시에도 축구는 가장 대중적인 스포츠였기에 자연스레 올림픽 축구에 대한 불만이 커졌습니다.

"축구는 올림픽이라는 작은 울타리 속에 감금될 수 없는 수준에 왔다. 아마추어에 국한된 축구 시합은 세계 최강 챔피언을 뽑을 수 없다. 우리는 진정한 세계 챔피언을 뽑는 대회를 열어야 한다."

쥘 리메 회장과 앙리 들로네 사무총장이 축구 열기를 이끌어내고자 세계적인 대회를 만들었고, 1930년 제1회 월드컵을 개최하면서 우승팀에게 황금으로 만든 컵을 4년 동안 가질 수 있게 했습니다. 또한 올림픽이 열리는 해와 겹치지 않게끔 2년 차이로 개최함으로써 4년 주기를 확정했습니다.

우루과이는 제1회 대회에서 우승함으로써 황금으로 만든 쥘리메컵을 처음 차지했습니다. 그리고 제2회 대회가 열린 1934년에는 이탈리아, 이어 1938년에는 브라질이 우승하여 돌아가며 쥘리메컵을 가져갔습니다.

그런데 예기치 못한 일이 벌어졌습니다. 국제 축구 연맹은 우승컵 권위를 강조하고자 '3회 우승하면 영구 소유'라는 조항을 내걸었는데 브라질이 단숨에(1958, 1962년, 1970년 우승) 그 조건을 이룬 것입니다. 사실 어느 나라도 짧은 기간에 국제적인 축구 대회에서 3회 우승을 하리라고는 상상조차 하지 못했거든요. 그래서 국제 축구 연맹은 쥘리메컵을 브라질에 건네주면서 어쩔 수 없이 새로운 컵을 만들었습니다. 그러고는 규정을 다음과 같이 바꿨습니다.

'피파컵(FIFA cup)은 영원히 국제 축구 연맹 소유이며, 다만 월드컵 우승국에 4년간 보관할 권리를 주고 다음 대회 직전에 복제품을 건네주고 회수한다.'

　또다시 브라질처럼 3회 우승팀이 나올까 싶어 우승컵을 일정 기간 빌려주는 거로 고친 것입니다. 피파컵은 1974년 독일 월드컵부터 지금까지 쓰이고 있습니다.

　오늘날 월드컵에서 우승하기란 옛날보다 훨씬 어렵습니다. 월드컵 참가국이 계속 늘고, 축구 실력도 비슷해져 가기 때문입니다. 2017년 기준 국제 축구 연맹 회원국은 무려 211개국이며, 2018년 러시아 월드컵 예선에 210개국이 참가했습니다. 현재 월드컵 대회는 지역 예선을 거쳐 32개국을 고르고, 그 팀들이 본선에서 우승을 가립니다.

17 우리나라 축구 역사

"자, 묘기를 잘 보시오!"

삼국 시대 때 사람들은 고구려·백제·신라를 가리지 않고 모두 공을 다루면 놀기를 좋아했습니다. 백제인은 농주(弄珠)를 즐겼는데 나무 공 여러 개를 공중으로 던져 공이 동그라미처럼 돌게 하는 놀이였습니다. 농주는 뒷날 제기차기로 그 형태가 바뀌었습니다.

"아차차, 헛발질했네."

고구려와 신라 사람들은 축국(蹴鞠)을 좋아했습니다. 축국은 일정한 광장에 긴 장대를 꽂고 그 위에 망을 얽은 다음, 여러 명이 어울려 발로 공(鞠)을 차서(蹴) 망 위에 얹는 놀이였습니다.

"재미있게 잘 놀았습니다."

축국은 체력을 단련하면서 사람도 만나는 사교적인 운동이었습니다. 김유신과 김춘추도 축국을 하며 친분을 쌓았고, 뒷날 처남·매부 사이가 되었습니다. 《당서 : 唐書》라는 중국 문헌에 고구려 사람들이 공을 발로 차는 '축국'을 잘한다고 적혀 있는 것으로 미뤄 축국은 삼국 시대에 행해진 초보적 형태의 축구 경기라고 말할 수 있습니다.

　근대 축구는 1892년 전후에 전해졌습니다. 1882년 영국 함선이 인천에 들어왔을 때 영국 수병들이 궁내부 참리들과 어전 통역관 등에게 축구를 처음 선보였거든요. 외국 견학 경험이 있는 통역관 30여 명은

1896년 대한 축구 클럽이라는 축구팀을 만들어 축구 보급에 나섰습니다.

"뛰어오르며 공을 차는 거라오."

당시는 축구를 '척구(蹴球)'라고 불렀습니다. 축구는 주로 사찰 앞마당에서 행해졌습니다. 그곳이 공차기에 적당한 빈터였기 때문입니다. 축구가 인기를 끌면서는 고을마다 가을에 벼를 벤 뒤에 논밭에서 공을 차며 노는 게 유행이었습니다.

일제 강점기 때 축구는 한국인의 울분을 풀어 주는 역할을 했으며, 2002년 월드컵 때 우리나라 축구팀은 세계 4강에 오르는 업적을 이룩했습니다.

히딩크, 한국 월드컵 4강 신화의 주역

"후보 선수와도 인터뷰해 주세요."

2002년 한일 월드컵을 앞두고 한국 대표 팀 감독으로 부임한 거스 히딩크는 인기 많은 선수에게만 쏟아지는 언론의 관심이 못마땅했습니다. 그런 보도들이 전체 선수의 사기를 떨어뜨릴 수 있기 때문입니다. 축구는 어느 한 사람만 잘한다고 되는 경기가 아니니까요.

그래서 히딩크는 마치 유명 연예인처럼 거들먹거리거나 운동장에서

게으름을 피우는 선수는 과감하게 출전시키지 않았습니다.

그런 그의 판단 덕분에 선수들은 유명세에 안주하지 않았고 경기마다 최선을 다했습니다. 그 결과 한국은 축구 역사상 처음으로 월드컵 4강에 올랐습니다.

히딩크 감독은 한국인에게 영웅으로 대접받았지만, 한편으로 차가운 사람이라는 말도 들었습니다. 뛰어난 실력을 지녀도 몇몇 선수는 월드컵 내내 한 번도 출전시키지 않았고, 3·4위 결정전에서도 그러했거든요. 그러나 그것은 한국 팀이라서가 아니라, 그의 팀 운영 방식의 특징입니다.

히딩크는 한국 축구가 세계 무대에서 경쟁력을 갖춘 팀으로 올라서는 토양을 만들어 주었습니다. 무엇보다 그는 유럽 축구에 대한 두려움을 넘게 해 준 한국 축구의 영웅입니다.

축구 관련 상식 퀴즈

01 축구 경기 시작 전에 심판은 무엇을 던져 양쪽 팀 주장에게 맞히게 하나요?

02 축구 경기 시간은 90분이에요. (○, ×)

03 옐로카드와 레드카드는 교통 신호등에서 착안하여 만들어졌어요. (○, ×)

04 승부차기에서는 각 팀 선수가 한 번씩 번갈아 열 번 공을 찹니다. (○, ×)

05 축구에서 상대편의 공격과 방어 형태에 따른 팀의 편성 방법을 '포메이션'이라고 해요. (○, ×)

06 초기의 골대는 골네트가 없었어요. (○, ×)

07 축구에서는 상대편 선수를 위해 골 세리머니를 해서는 안 돼요. (○, ×)

08 축구에서 한 선수가 3골 이상 넣는 일을 가리켜 무엇이라고 하나요?

09 이탈리아 유니폼은 오렌지색이어서 '오렌지 군단'으로 불려요. (○, ×)

10 축구 종주국으로 여겨지는 나라는 어디인가요?

11 초창기 월드컵 대회 우승팀에게 준 영광의 컵 이름은 쥘리메컵이에요. (○, ×)

12 월드컵에서 3회 우승하면 피파컵을 영원히 소유할 수 있어요. (○, ×)

13 고구려와 신라 사람들은 축국을 좋아했어요. (○, ×)

14 2018년 러시아 월드컵 마스코트는 백호 수호랑이에요. (○, ×)

15 축구 선수에게 등번호 10번이 최고 공격수의 상징처럼 여겨지는 것은 '영원한 축구 황제'로 불리는 브라질의 축구 선수 펠레 때문이에요. (○, ×)

16 오프사이드는 진지를 벗어난 상태를 가리킵니다. (○, ×)

17 국제 축구 연맹 규정상 축구 경기를 하는 두 팀은 같은 색깔의 유니폼을 입을 수 있어요. (○, ×)

18 미국 경제 전문지 〈포브스〉에서 2017년 세계 '최고 가치' 축구 구단으로 선정한 축구 클럽의 이름은 무엇인가요?

19 월드컵 대회는 지역 예선을 거치지 않아요. (○, ×)

20 2002년 월드컵에서 한국이 4강에 오르도록 지도한 국가 대표 팀 감독은 누구인가요?

정답
01 동전 | 02 ○ | 03 ○ | 04 × | 05 ○ | 06 ○ | 07 × | 08 해트 트릭 | 09 × | 10 영국 | 11 ○ | 12 ○ | 13 ○ | 14 ×
15 ○ | 16 ○ | 17 × | 18 맨체스터 유나이티드 | 19 × | 20 히딩크

축구 관련 단어 풀이

구기 : 야구, 축구, 배구, 탁구 등 공을 사용하는 운동 경기.

카이사르 : 고대 로마의 군인이자 정치가. 크라수스, 폼페이우스와 동맹하여 삼두 정치를 수립함. 갈리아와 브리타니아에 원정하여 토벌함.

인저리 타임 : 추가 시간. 축구 경기에서 전반과 후반 45분의 정규 시간 이후 주심이 재량에 따라 추가로 허용하는 시간.

국제 축구 연맹(FIFA) : 축구를 통괄하는 국제단체. 1904년 프랑스·스위스·네덜란드·벨기에·에스파냐·스웨덴·덴마크의 7개국이 설립했으며, 2017년 기준 211개국의 가맹국을 두고 있음. 우리나라는 1947년에 가입함.

프리킥 : 축구에서 심판에 의해 반칙으로 지적되었을 때 상대편에게 주어지는 킥. 킥하는 동안은 상대편의 방해를 받지 않음.

코파 아메리카(Copa America) : 남미 축구 연맹(CONMEBOL) 소속의 축구 국가 대표 팀들이 출전하는 남미 축구 선수권 대회. 1916년 아르헨티나에서 첫 대회가 열렸고, 대회 참가국이 적은 관계로 다른 대

류 연맹에 속하는 2개 팀을 초청해 경기함.

패싱 게임(passing game) : 포워드 패스, 즉 패스를 하는 사람의 앞쪽 방향으로 던지는 패스를 기본으로 한 공격.

지역 방어 : 수비수가 자기가 맡은 지역을 중점적으로 수비하는 전술.

코너킥 : 구석차기. 수비 측에 의하여 코너 아웃된 공을 공격 측이 코너에 놓고 경기장 안으로 차는 일.

골킥 : 상대편이 골라인 밖으로 차낸 공을 자기편 골 에어리어에 놓고 차는 일.

스로인 : 한 선수의 몸에 닿고 경기장 밖으로 나간 공을 상대 팀의 선수가 경기장 안으로 던져 넣는 일.

신상(神像) : 숭경(崇敬)의 대상이 되는 신의 화상, 초상, 또는 조각상.

국제 축구 역사 통계 연맹(IFFHS) : 세계 축구 관련 역사와 통계를 관리하는 연맹.

농주(弄珠) : 나무를 깎아 만든 6~7개의 공을 하나씩 연거푸 높이 던져 올렸다 받았다 하면서 놀리는 공놀이. 백제 때부터 있던 것으로 고려 시대, 조선 시대로 이어짐.

당서(唐書) : 중국 당나라의 역사를 다룬 책.